# HALLO INSEKTEN

LAURENCE KING

Laurence King Verlag GmbH
Jablonskistr. 27
10405 Berlin

Erschienen 2024 in Großbritannien unter dem Titel **Hello Bugs**
bei Laurence King Publishing.



ISBN: 978-3-96244-292-7

Hergestellt in China, 1. Auflage Dezember 2023

FSC www.fsc.org
MIX
Papier | Fördert gute Waldnutzung
FSC® C104740

Fachliche Beratung: Sarah Niemann und Derek Niemann
Übersetzung: Frederik Kugler

Laurence King ist ein Imprint der
Hachette Children´s Group
Part of Hodder and Stoughton
Carmelite House
50 Victoria Embankment
London EC4Y 0DZ

einem Unternehmen von Hachette UK
www.hachette.co.uk
www.hachettechildrens.co.uk
www.laurencekingverlag.de

Nina Chakrabarti

# HALLO INSEKTEN

Ein kleiner Naturführer

LAURENCE KING

# INHALT

*In den kleinsten Dingen*
*zeigt die Natur*
*die allergrößten Wunder.*

Carl von Linné

# WAS ist ein INSEKT?

Insekten bilden mit fast einer Million Arten*
die größte Tiergruppe der Welt.

*Es soll aber noch viel, viel mehr Insektenarten geben, die bisher noch nicht entdeckt und beschrieben wurden!

Ameisen, Käfer, Libellen, Schmetterlinge, Grashüpfer, Falter, Wespen und Bienen sind alles Insektenarten.

Insekten leben überall auf der Welt und um uns herum. Wahrscheinlich ist eins auch jetzt gerade in deiner Nähe!

# INSEKTENMERKMALE

Insekten können sehr unterschiedlich aussehen, haben aber einige gemeinsame Merkmale:

Alle Insekten haben sechs BEINE.

Alle Insekten haben eine stabile äußere Hülle, das EXOSKELETT.

INDISCHE STABSCHRECKE

*Carausius morosus*

Alle Insekten bestehen aus drei KÖRPERTEILEN:

Kopf
(CAPUT)

Brust
(THORAX)

Hinterleib
(ABDOMEN)

SCHWARZE WEGAMEISE

*Lasius niger*

# SCHNABELKERFEN

Zu den Schnabelkerfen gehören Wanzen, Pflanzenläuse und Zikaden. Aber lass dich davon nicht verwirren …

AZALEEN-SPITZENWANZE

*Stephanitis pyrioides*

NEON-ZIKADE

*Carineta diardi*

GRÜNE STINKWANZE

*Palomena prasina*

Schnabelkerfen gibt es in allen Größen und Formen, und sie haben meist zwei Flügelpaare.

Alle Schnabelkerfen haben einen SAUGRÜSSEL, mit dem sie Pflanzensaft oder Blut saugen.

Blattläuse trinken Pflanzensaft.

GRÜNE PFIRSICH-BLATTLAUS

*Myzus persicae*

Bettwanzen trinken Blut. Ups!

BETTWANZE

*Cimex lectularius*

Auf der Mauer, auf der Lauer sitzt 'ne kleine Wanze!

# METAMORPHOSE

Eine Metamorphose ist die Entwicklung eines Insekts vom Ei bis zum erwachsenen Tier (Adultus).

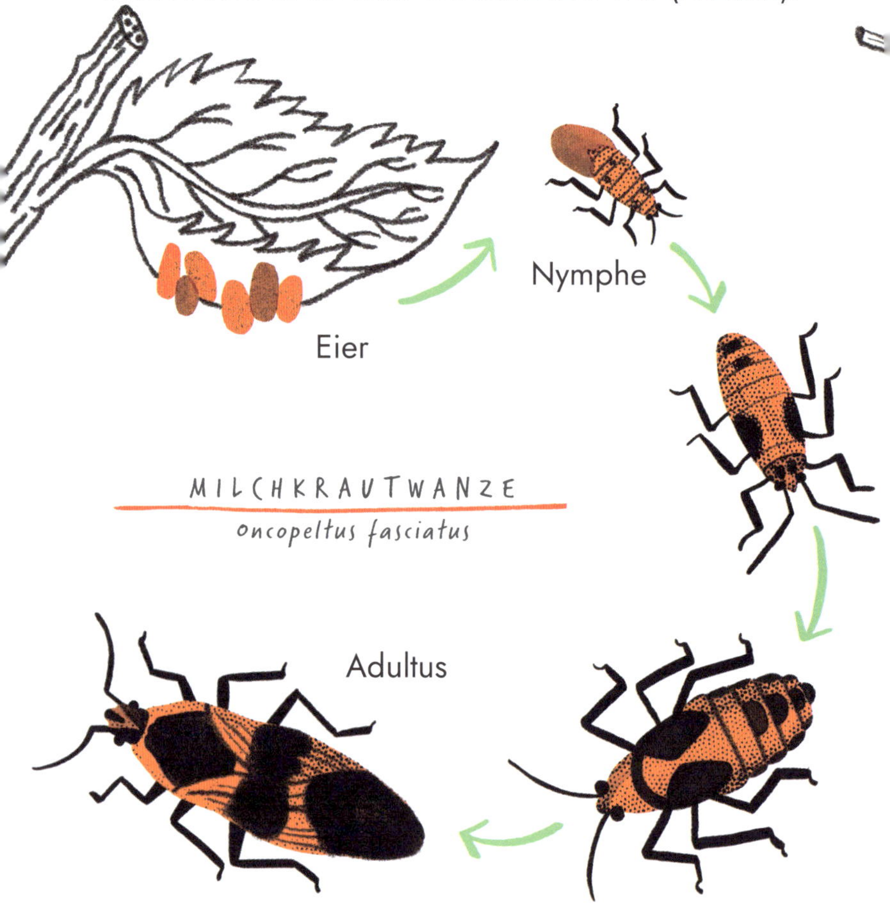


Manche junge Insekten sehen aus wie eine winzige Version des erwachsenen Tieres. Sie häuten sich und werden dabei jedes Mal ein bisschen größer. Das nennt sich „allmähliche Metamorphose".

Andere Insekten machen größere Veränderungen durch. Wenn das erwachsene Tier ganz anders aussieht als die Larve, spricht man von einer „vollkommenen Metamorphose".

# KÄFER

Es gibt mehr Käfer- als andere Insektenarten auf der Welt. Hast du einen von diesen schon mal gesehen?

HIRSCHKÄFER

*Lucanus cervus*

SCHWARZHÖRNIGER TOTENGRÄBER

*Nicrophorus vespilloides*

VEILCHENBLAUER WURZELHALSSCHNELLKÄFER

*Limoniscus violaceus*

ECHTER WIDDERBOCK

*Clytus arietis*

FELD-SANDLAUFKÄFER

*Cicindela campestris*

GEGLÄTTETER BLATTKÄFER

*Chrysolina polita*

ROSMARIN-BLATTKÄFER

*Chrysolina americana*

JUWELKÄFER

*Chrysochroa fulgidissima*

Käfer haben zwei Flügelpaare: harte, schützende Deckflügel und zarte, innere Flügel zum Fliegen.

# MARIENKÄFER

Mit ihren leuchtend bunten Deckflügeln warnen Marienkäfer Räuber davor, dass sie scheußlich schmecken!

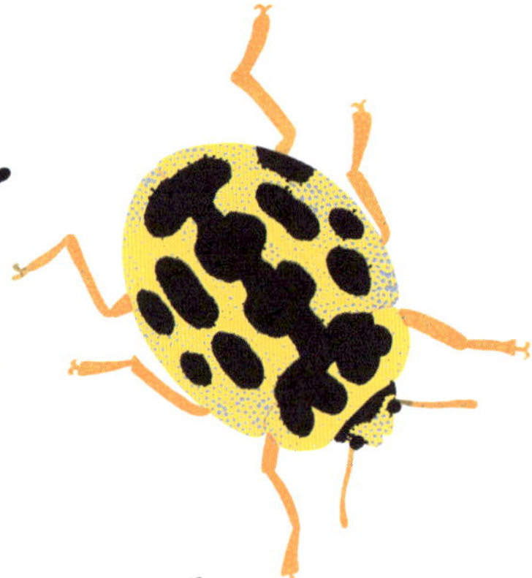

VIERZEHNPUNKT-MARIENKÄFER

*Propylea quatuordecimpunctata*

ZWEIPUNKT-MARIENKÄFER

*Adalia bipunctata*

ROSA GEFLECKTER MARIENKÄFER

*Coleomegilla maculata*

ZWEIUNDZWANZIGPUNKT-MARIENKÄFER

*Psyllobora vigintiduopunctata*

KARTOFFELKÄFER

*Leptinotarsa decemlineata*

Manche Marienkäfer
haben Streifen ...

... und viele, viele
haben Punkte.

HIPPODAMIA CONVERGENS

*Hippodamia convergens*

Andere haben erstaunliche Muster.

PILZFRESSENDER MARIENKÄFER

*Illeis galbula*

Gärtner*innen lieben die meisten Marienkäfer,
weil sie viele Pflanzenschädlinge fressen.

# KLEINE HÜPFER

Grashüpfer, Grillen und Heuschrecken können alle sehr hoch springen. Ihre langen Hinterbeine sind wie Katapulte, die sie hoch in die Luft schleudern.

BUNTER GRASHÜPFER

*omocestus viridulus*

Grillen haben meist dunkle Farben. Das hilft ihnen, sich nachts an ihre Umgebung anzupassen.

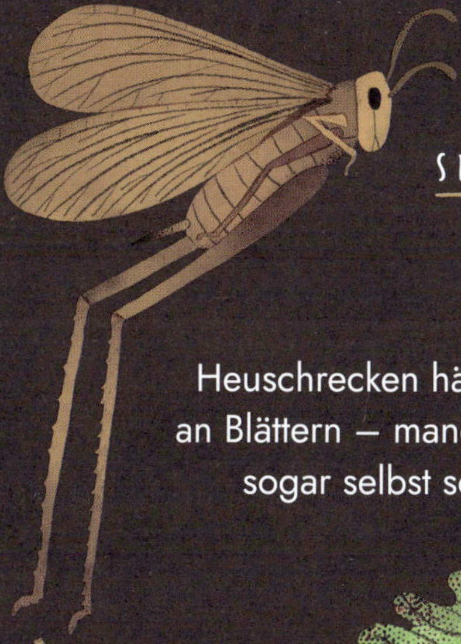

SPRINGENDE BUSCHGRILLE

*Orocharis saltator*

Heuschrecken hängen oft an Blättern – manche sehen sogar selbst so aus!

BLATTHEUSCHRECKE

*Typophyllum bolivari*

# LIBELLE oder WASSERJUNGFER?

Libellen und Wasserjungfern sehen
sich zum Verwechseln ähnlich.
Aber so kannst du sie unterscheiden:

GROSSE KÖNIGSLIBELLE

*Anax imperator*

LIBELLEN haben große Augen, die den größten Teil ihres Kopfes ausmachen.

Ihr Körper ist dicker und schwerer.

Libellen breiten im Ruhezustand ihre Flügel aus.

Libellen waren sogar schon lange vor den Dinosauriern auf der Erde.

Sowohl Libellen als auch Wasserjungfern sind große Flugkünstler. Sie können in alle Richtungen flitzen und in der Luft stehen.

WASSERJUNGFERN haben kleinere Augen, die an den Seiten ihres Kopfes sitzen.

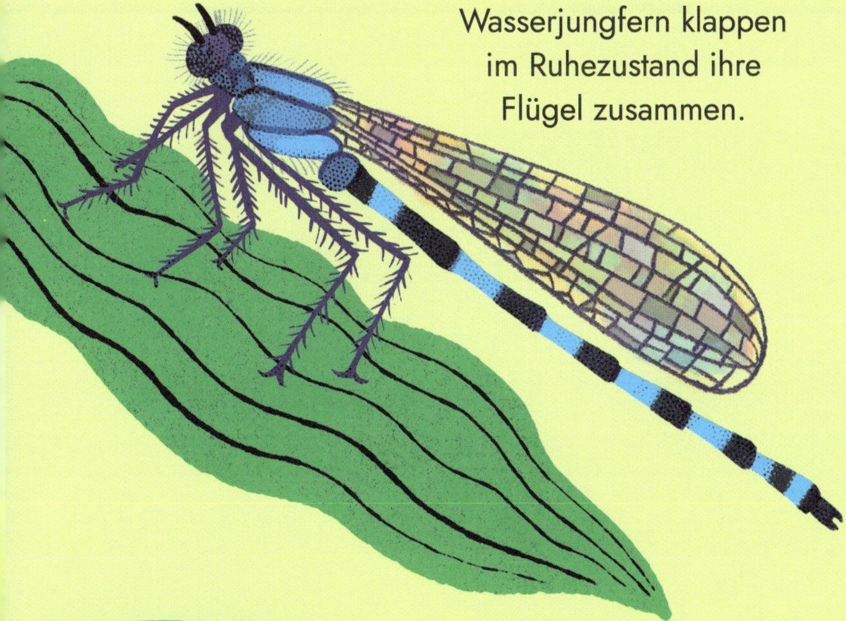

Wasserjungfern klappen im Ruhezustand ihre Flügel zusammen.

Sie haben längere, schlankere Körper.

GEMEINE BECHERJUNGFER

*Enallagma cyathigerum*

# BAUE EIN INSEKTENHOTEL

**Du brauchst:**

- leere Pflanzentöpfe
- große Steine
- welke Blätter, Zweige, trockene Baumrinde und Baumzapfen

**1.** Wasche und trockne alle Pflanzentöpfe.

**2.** Arrangiere die Töpfe, indem du sie hinlegst. Verkeile ein paar große Steine an den Seiten, damit sie nicht wegrollen.

**3.** Fülle die „Hotelzimmer“ mit der trockenen Rinde, den welken Blättern, Zapfen und Zweigen.

**4.** Stopfe die Töpfe richtig voll, damit deine Materialien im Winter nicht herausfallen.

Fertig! Du hast ein gemütliches Insektenhotel gebaut, in dem viele Insekten überwintern können.

# TAG- oder NACHTFALTER?

Tag- und Nachtfalter sind beides Schmetterlinge, aber kannst du sie unterscheiden?

Die meisten Tagfalter haben am Ende verdickte Fühler …

… und einen schlanken, weniger behaarten Körper.

GROSSER SCHILLERFALTER

*Apatura iris*

## KLEINES NACHTPFAUENAUGE

*Saturnia pavonia*

Die meisten Nachtfalter haben gefiederte Fühler ...

... und einen kräftigen, behaarten Körper.

# WUNDERSCHÖNE FLÜGEL

Diese flatternden Schönheiten locken mit ihren bunten Flügeln Partner an und schrecken Räuber ab.

POSTILLON

*Colias croceus*

TAGPFAUENAUGE

*Aglais io*

TRAUERMANTEL

*Nymphalis antiopa*

Schmetterlingsflügel bestehen aus Tausenden winzigen, schimmernden Schuppen.

HIMMELBLAUER BLÄULING

*Polyommatus bellargus*

ALFALFA BUTTERFLY

*Colias eurytheme*

ORNITHOPTERA PRIAMUS

*ornithoptera priamus*

# FANTASTISCHE NACHTFALTER

Die meisten Nachtfalter sind nachtaktiv und haben dunkle Farben, aber viele sind auch tagsüber aktiv. Tageslicht liebende Falter können genauso bunt wie Tagfalter sein!

SECHSFLECK-WIDDERCHEN

*Zygaena filipendulae*

BRAUNER BÄR

*Arctia caja*

DRYOCAMPA RUBICUNDA

*Dryocampa rubicunda*

ISABELLASPINNER

*Graellsia isabellae*

HYPOPREPIA FUCOSA

*Hypoprepia fucosa*

MITTLERER WEINSCHWÄRMER

*Deilephila elpenor*

Leuchtende Farben warnen Räuber, dass das Insekt, dass sie fressen wollen, giftig sein könnte!

SCHÖNBÄR

*Callimorpha dominula*

# BIENE oder WESPE?

Bienen und Wespen sind leicht zu verwechseln, aber es gibt ein paar Unterschiede. Hier erfährst du, welche das sind:

Bienen haben einen runderen Körper, …

… der pelzig und gelb-schwarz oder orange-schwarz bebändert ist.

HONIGBIENE

*Apis mellifera*

Wespen haben Haare an Kopf und Brust, einen unbehaarten Hinterleib, ...

... sind länger und haben eine ganz, ganz schmale Taille.

WESPE

*Vespula vulgaris*

Wespen und Bienen sind hilfreiche Insekten, da sie Pflanzen bestäuben.

# LEBEN im BIENENSTOCK

In der Natur leben Bienen in bewaldeten Gebieten. Ihre Nester (Bienenstöcke) sind voller fleißiger Bienen und jede hat eine eigene Aufgabe.

Ein Bienenstock hat nur eine KÖNIGIN. Ihre Aufgabe ist es, Eier zu legen.

Die Königin ist größer als die anderen Bienen und lebt länger.

DROHNEN sind männliche Honigbienen. Ihre Aufgabe ist es, die Königin zu befruchten.

Die ARBEITERINNEN sind alle weiblich. Sie kümmern sich um den Bienenstock. Wenn sie älter werden, fliegen sie los und sammeln Nektar.

# FASZINIERENDE AMEISEN

Ameisen leben fast überall auf der Erde.
Es gibt über 12.000 bekannte Arten!

HOLZAMEISEN
zerkauen Holz und
graben Tunnel hinein.

FEUERAMEISEN haben
extrem starke Kiefer – ihr
Biss tut sehr weh!

BLATTSCHNEIDERAMEISEN tragen Blätter zu ihren Nestern.

ARGENTINISCHE AMEISEN beschützen Blattläuse. Im Gegenzug produzieren diese einen leckeren Saft, den die Ameisen lieben.

Ameisen finden Nahrung, indem sie den Duftspuren von Kundschafter-Ameisen folgen, die losgeschickt wurden, um köstliche Leckereien aufzuspüren.

# LEBEN in der AMEISENKOLONIE

Ameisen sind soziale Lebewesen und leben in großen Nestern (Kolonien). Ein Ameisenstaat ist sehr gut organisiert. Jede einzelne Ameise hat eine besondere Aufgabe zu erfüllen.

Die KÖNIGIN legt Eier. Viele, viele, wirklich VIELE Eier.

Ameisenkolonien haben viele Gänge und Kammern.

Die ARBEITERINNEN sind alle weiblich. Sie gehen auf Futtersuche und kümmern sich um den Nachwuchs.

MÄNNLICHE AMEISEN pflanzen sich nur mit der Königin fort und sterben kurz darauf.

Richtig große Kolonien werden SUPERKOLONIEN genannt. Sie können Hunderte von Millionen von Ameisen umfassen!

# INTERESSANTE INSEKTEN

Oft bemerken wir all die Insekten um uns herum gar nicht, dabei sind sie wirklich faszinierend.

STIELAUGENFLIEGEN haben Augen, die auf langen Stielen seitlich an ihrem Kopf sitzen.

SCHMETTERLINGE schmecken mit ihren Füßen!

MISTKÄFER sind superstark. Sie können Mistkugeln rollen, die viel schwerer sind als sie!

LIBELLEN haben fast eine 360°-Sicht. Das heißt, sie sehen gleichzeitig alles vor, über, unter und hinter sich.

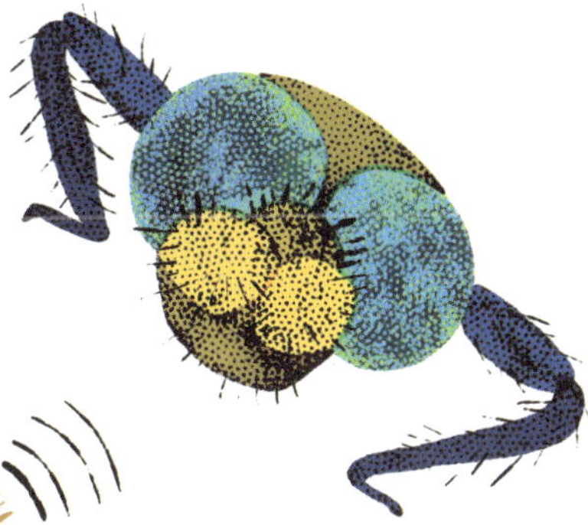

Insekten können mit ihren Fühlern riechen, schmecken, tasten, Vibrationen spüren und manchmal sogar hören.

Manche Insekten haben ihre Ohren an ungewöhnlichen Stellen. GRILLEN haben sie direkt unter ihren Knien!

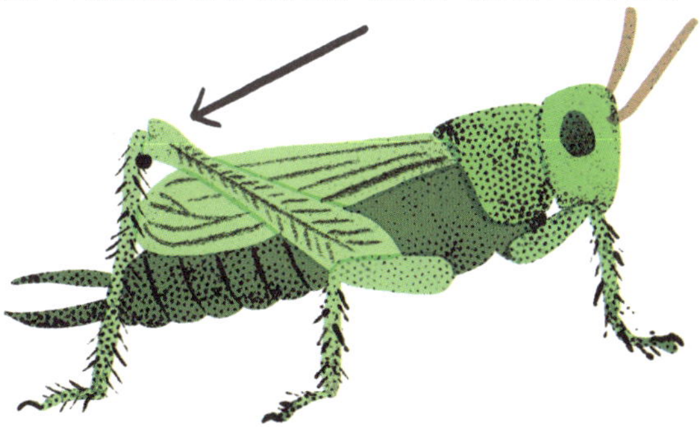

Die Insektenforschung wird ENTOMOLOGIE genannt. Vielleicht wirst du später mal Entomolog*in?

# AUF ZUR INSEKTENSUCHE

Eine Lupe ist nicht unbedingt notwendig, kann aber bei der Erforschung winziger Insekten nützlich sein. Am besten ziehst du an warmen, sonnigen Tagen los.

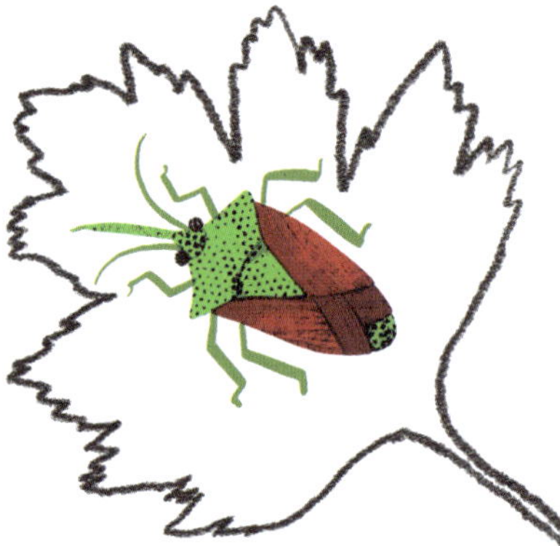

Im WALD: Suche nach Wanzen. Die Wipfel-Stachelwanze frisst gern die Blätter des Weißdorns.

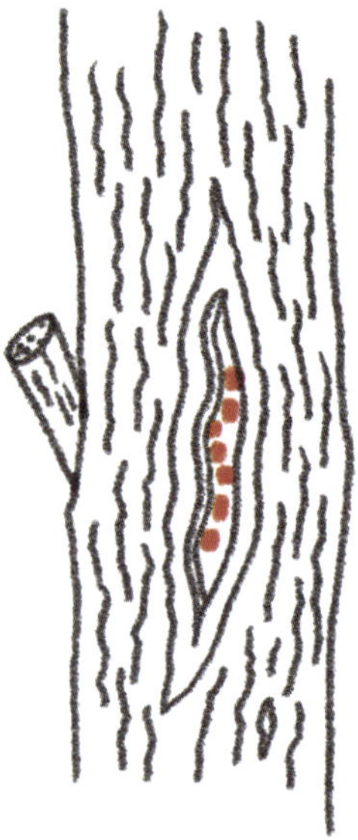

Schau in die Risse von Bäumen und toter Rinde, um Käfer aufzuspüren.

An SEEN und TEICHEN:
Achte auf Libellen,
die über das Wasser
huschen.

Auf dem BODEN
krabbeln vielleicht eine
oder hundert Ameisen!

Auf BLUMEN:
Beobachte Bienen,
Wespen und
Schmetterlinge.

Auf und unter BLÄTTERN
sitzen vielleicht Marienkäfer,
Blattläuse oder Raupen.

Im HOHEN GRAS: Suche nach
Grashüpfern und Grillen.

# TARNUNG und MIMIKRY

Insekten haben viele clevere Fähigkeiten entwickelt, Nahrung zu finden und nicht gefressen zu werden!

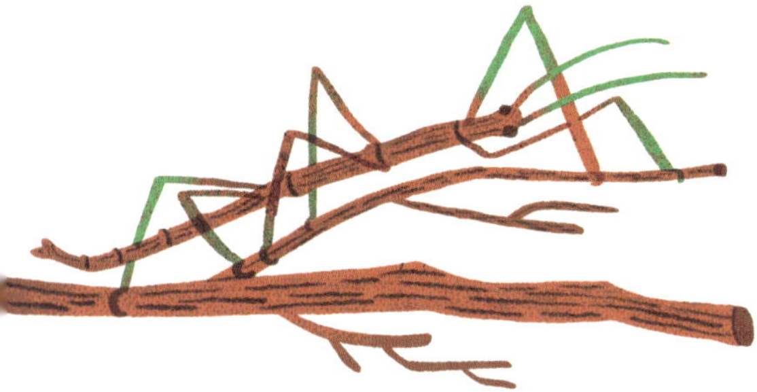

STABSCHRECKEN haben einen langen, dünnen Körper, der wie ein Zweig oder Ast aussieht.

WANDELNDE BLÄTTER sehen wie ein hellgrünes Blatt aus.

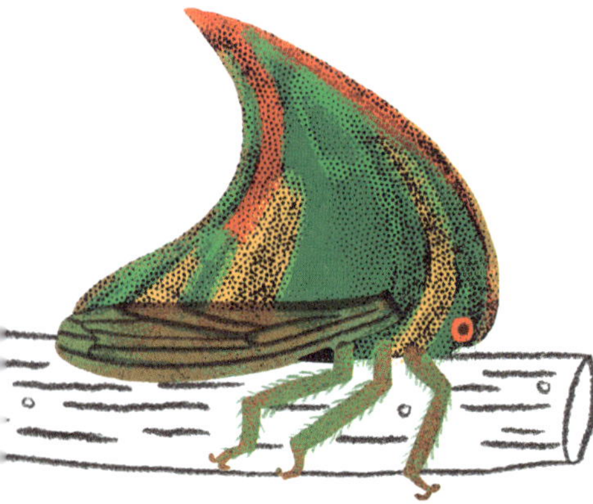

DORNZIKADEN haben einen scharfen, spitzen Rücken, damit sie wie ein Dorn an einer Pflanze aussehen.

TARNUNG bedeutet, Farben, Muster und Formen zu verwenden, um mit der Umgebung zu verschmelzen.

„SPINNENMOTTEN" (*Siamusotima aranea*) haben Markierungen auf ihren Flügeln, die sie wie Spinnen mit dürren Beinen aussehen lassen.

ORCHIDEENMANTIS sehen wie Orchideen aus, um die Insekten zu fressen, die den Nektar der Blume trinken wollen.

BANANENFALTER haben große Flecken auf ihren Flügeln, die wie Eulenaugen aussehen.

MIMIKRY bedeutet, eine andere Art nachzuahmen, um Räuber abzuschrecken oder Beute anzulocken.

# LEUCHTENDE INSEKTEN

Manche Insekten produzieren in der Nacht ihr eigenes Licht, um mögliche Partner oder Beute anzulocken oder Räuber abzuschrecken.

ARACHNOCAMPA LUMINOSA
Arachnocampa luminosa
PYROPHORUS NYCTOPHANUS
Pyrophorus nyctophanus
EISENBAHNWURM
Phrixothrix hirtus

# INSEKTEN und MYTHEN

Wir Menschen waren schon immer fasziniert von den winzigen Lebewesen, die um uns herum leben.

Skarabäen-Schmuck galt als Symbol der Wiedergeburt und wurde im alten ÄGYPTEN mit den Toten begraben.

Im antiken GRIECHENLAND repräsentierten Bienen Artemis, die Göttin der Jagd und des Waldes.

Das Volk der Hopi in NORDAMERIKA führt nach der Ernte einen Erntedanktanz auf, der Schmetterlingstanz genannt wird.

Kaggen ist ein gestaltwandelnder Volksheld des San-Volks aus SÜDAFRIKA. Er nimmt oft die Gestalt einer Gottesanbeterin an.

Bevor JAPAN das Land der aufgehenden Sonne genannt wurde, war es als Akitsushima – Insel der Libellen – bekannt.

Laut einer WIKINGERLEGENDE schickte der Gott Thor den Marienkäfer auf einem Blitz auf die Erde.

# EIN HERZ FÜR INSEKTEN

**1.** Pflanze Blumen in deinem Garten oder auf deinem Fensterbrett an, um Bienen und Schmetterlinge anzulocken.

**2.** Finde heraus, welche Schmetterlingsarten in deiner Nähe leben, und pflanze die Pflanzen an, die sie gern besuchen.

**3.** Platziere einen Baumstamm oder Laubhaufen in den hinteren Teil deines Gartens, um Käfern einen Unterschlupf zu bieten.

**4.** Lass einen Teil deines Gartens verwildern. Säe Wildblumensamen aus und beobachte, wie sich dort Insekten versammeln.

**5.** Frage deine*n Lehrer*in, ob ihr als Projektarbeit ein Insektenhotel auf dem Schulhof bauen dürft (siehe S. 22–23).

**6.** Nicht berühren oder verletzen. Insekten wollen nichts Böses, sondern einfach ihr Leben genießen.